LE COLLÉGE DE NOTRE TEMPS

SOUVENIRS

———

LETTRE AU DUC D'AUMALE

AU DUC D'AUMALE

Notre jeunesse.

MONSEIGNEUR ET CHER CAMARADE,

Excusez la liberté que je prends de vous adresser ce petit livre presque entièrement consacré au récit du règne de Louis-Philippe [1]. A l'époque où je l'ai écrit, on se proposait de se servir de l'enseignement de l'histoire contemporaine dans les Lycées pour exalter la gloire des Napoléon aux dépens des rois de l'ancienne monarchie et de la monarchie parlementaire. C'est ainsi que, dans le premier projet du programme universitaire, le règne de Louis-Philippe devait être, pour la politique extérieure, caractérisé par ces mots — *Droit de visite,* — *Indemnité Pritchard,* — alors que des développements sans fin étaient consacrés aux actes des Ier et IIIe Napoléon. J'ai voulu lutter contre la sophistication, qu'on se préparait à commettre sur l'histoire contemporaine, par cet ouvrage plus particulièrement destiné aux jeunes gens. J'espérais que la connaissance exacte des faits leur inspirerait l'estime

---

[1] *Histoire du règne de Louis-Philippe Ier et de la seconde République française jusqu'au coup d'État.* Chez Plon, rue Garancière, 10, et Delagrave, rue des Écoles, 78, libraires-éditeurs.

due à ce gouvernement parlementaire qui a tout réparé et fécondé dans notre pays, après cette première expiation de la gloire militaire de l'Empire qu'on appelle les *désastres de* 1815. En traçant un tableau, fidèle jusqu'à la sévérité, du règne de Louis-Philippe, je m'efforçais de les mettre en garde contre la calomnie déversée sur cet homme de bien qui a bravé l'impopularité plutôt que de descendre à de lâches complaisances pour des entraînements et des passions qu'il jugeait funestes aux intérêts de la France et de l'humanité : deux intérêts qu'il n'avait jamais voulu séparer.

J'ai pu, de cette sorte, prémunir contre des erreurs dangereuses quelques esprits que l'inexpérience de l'âge exposait sans défense au mensonge. Puis, sont venus les événements ; ils ont plaidé la cause de la monarchie parlementaire, Dieu sait avec quelle éloquence ! La statue de bronze du conquérant est tombée dans le sang, et des regrets tardifs sont allés chercher, dans l'obscurité dédaigneuse où elle avait été reléguée, l'image du roi pacifique contre lequel la France n'a jamais eu qu'un grief, — le ressentiment du mal qu'elle s'est fait en le renversant.

Mais ce que l'exiguïté du cadre ne m'a pas permis de montrer, c'est, à côté du régime libre et de la libre atmosphère dans laquelle nous vivions, l'état moral de la jeunesse, qui peut donner la mesure, en quelque sorte, du degré de pureté du milieu social. Est-il vicié, empesté ? la jeunesse, cette fleur printanière, est la première atteinte, quel que soit le soin qu'on ait pris de murer la retraite où on l'élève. L'air pestilentiel pénètre chaque fois que la porte s'entr'ouvre. Il entre avec le nouveau venu, l'externe, le parent ; il se glisse sur la feuille de papier, sur la lettre, le livre, le journal, dans les propos légers d'une conversation. C'est bien autre chose au dehors. Le trottoir où l'enfant marche, la vitrine sur laquelle son œil distrait se porte, la table de café qui s'avance sur la voie publique et qu'il heurte en passant, tout est souillure, scandale, infamie! Alors se développent dans sa nature tendre des végétations monstrueuses, fruits d'un empoisonnement moral, qui étouffent la pudeur, l'obéissance, le respect, et ne laissent à l'âme épuisée de matérialisme qu'une force, l'émulation du vice.

En voulant montrer l'état du milieu social et moral au temps du Roi votre père, j'aurais donc dû parler des jeunes gens de notre temps, dire ce qu'ils étaient, ce qu'ils aimaient, introduire le lecteur dans quelque maison d'éducation en renom, par exemple au collége où nous avons été élevés, vous, fils du Roi, moi, fils d'un petit bourgeois. L'opinion que l'homme vaut surtout par lui-même dominait alors partout, même à la cour. Sans doute, nul ne fut mieux placé que vous, Monseigneur, pour se pénétrer de ce principe, et je conviendrai que nul mieux que vous, par ses actes et par ses écrits, n'a prouvé qu'il l'avait pris pour règle de sa vie. Louis-Philippe, étant duc d'Orléans, avait fait entrer les princes, vos frères aînés, au collége Henri IV. Combien de fois mon père, qui avait eu l'honneur d'être un de leurs maîtres, m'a vanté leurs qualités d'esprit et de caractère! Le plus ancien de mes souvenirs de collége me représente Nemours se promenant dans la cour des grands entre deux camarades. Déjà, réservé dans son amitié, qu'il n'accordait qu'entière et à bon escient, il annonçait ce qu'il a été, ce qu'il

est, et l'on pressentait, en l'observant, qu'il ne courtise-
rait jamais ni la multitude, ni la fortune. Dans la cour,
dominée par l'antique tour de Clovis, où je fis mes dé-
buts, qui consistèrent à grelotter pendant tout l'hiver de
1829 dans l'angle d'une porte, seul, car qui eût voulu
jouer avec le plus petit de la cour? je vis Joinville, le
bon, l'aimable Joinville, dont l'arrivée était toujours
saluée d'acclamations joyeuses; j'ajouterai qu'elle était
accompagnée d'une rosée bienfaisante de balles, de cer-
ceaux et de raquettes. Conformément à la volonté de
votre sage père, aucune distinction alors ne séparait les
princes de leurs camarades : devant la règle, devant le
maître, devant le condisciple, égalité parfaite. J'en eus
un jour, sous les yeux, un exemple qui n'est pas sorti
de ma mémoire, tant il me parut frappant : votre frère
Joinville, qui était un grand garçon de onze ans, ne l'a
peut-être pas oublié, car c'est la première et la seule
fois qu'il se soit laissé battre : il est vrai que cette fois
il avait tort. Cependant, comme il n'y a pas de justice
parfaite en ce monde, les camarades accoururent, et
le pauvre redresseur de torts, Guibert, paya cher une
victoire surprise, quoique fondée en droit. La révolution de Juillet porta au trône le duc d'Orléans. Des
périls naquirent pour vous de l'élévation de votre rang.
En les rappelant, je craindrais, Monseigneur, de
blesser votre susceptibilité patriotique. La première
fois que vous fûtes conduit parmi nous, je me trouvais
dans la classe de septième. L'homme éminent qui était
alors votre précepteur vint reconnaître la place que
vous deviez occuper, et ce ne fut pas sans une surprise désagréable qu'il constata l'existence d'une poire
colossale taillée dans le chêne de la table devant la-

quelle vous deviez vous asseoir, vous, le plus gracieux blondin qu'on pût voir, avec une figure rose toute rayonnante de la joie d'entrer au collége. Vous apprîtes ainsi de bonne heure ce que valent les hommes. L'affection de tous vous a, du reste, amplement dédommagé de la rage malfaisante soufflée du dehors. Combien ne lui avez-vous pas dû d'attentions de toutes sortes, ne fût-ce, en quatrième, pardonnez-moi cette indiscrétion, Monseigneur, que le don de nombreux bonshommes de pain d'épice et de pommes de terre cuites dans l'eau dont vous sembliez très-friand, ne les ayant jamais trouvés sur votre table. A cette table modeste et qui nous paraissait exquise, prenaient place chaque jour des convives nouveaux, ceux que la supériorité du savoir avait, dans les compositions, placés auprès de vous, soit au-dessus, soit au-dessous. Ils étaient vos pairs, qu'ils fussent sortis de noble ou d'infime extraction. Telle a été votre cour, la seule peut-être que vous ayez eue et que vous ayez jamais désirée. Le plaisir de vous approcher, de partager votre repas et vos jeux était chaque jour offert au plus digne.

Ainsi l'avait exigé le Roi. Il avait voulu que ses fils fussent en état de conquérir, en quelque sorte, sur leurs contemporains, le rang que les faveurs de la fortune leur avaient octroyé. La Reine ne manquait jamais d'assister à la distribution des prix; elle y était témoin des succès de ses fils et de l'affection que leurs camarades leur témoignaient, deux choses auxquelles elle se montrait presque également sensible. Vous vous rappelez certainement, Monseigneur, une circonstance dans laquelle le Roi nous fit connaître l'importance que votre sainte et excellente mère attachait aux récompenses obtenues par ses enfants. J'étais alors, je crois, en seconde; le bruit se répandit que nous étions invités à aller visiter le palais de Versailles : le Roi lui-même devait nous en faire les honneurs. En effet, le jour dit, tous les fiacres de Paris, ou à peu près, s'arrêtèrent aux portes du collége. Quel ravissant coup d'œil! Avec quelle joie nous nous élançâmes dans ces chars d'ordinaire aussi discrets que leurs coursiers sont calmes! Nous arrivons à Versailles. On nous conduit dans la galerie des Glaces, et là, devant ces panneaux éblouissants de clarté et de dorures, sous cette voûte où apparaissent dans l'immuable beauté de l'art les triomphes majestueux du grand Roi, les tambours battent aux champs : nos tambours! Monseigneur, et non ceux qui sonnent la charge, qui portent le soldat vainqueur au feu ou le ramènent vaincu, en étouffant la plainte des mourants et les cris des blessés; mais des tambours de collége qui savent tout au plus tambouriner l'entrée à l'étude, au dortoir ou au réfectoire! J'étais confus, presque effrayé de l'audace insolente de nos *tapins*. Je m'attendais à ce que nous serions mis à la porte honteusement, et l'air piteux de nos maîtres d'étude témoignait assez qu'ils s'attendaient au même sort. Soudain une porte s'ouvre à deux battants; une voix forte retentit : *le Roi!* — Le Roi! je ne l'avais vu qu'une fois, bien jeune, sur la place du Panthéon, dans les premiers jours d'août 1830, à cheval, étourdi de vivats, entouré d'une foule qui se pressait, les femmes pour embrasser malgré lui une de ses mains, les hommes pour serrer l'autre main qu'il leur tendait. J'avançai la tête. Quoi! cet homme tout simple, en bonnet de soie, en culotte de nankin, c'est celui que j'avais admiré revêtu d'un brillant uniforme, avec un si grand air de dignité et de bonté, répondant aux acclamations enthousiastes de la foule, c'est là le Roi!... C'était aussi le père de famille. Avec quelle bienveillance affectueuse il nous accueillit! Lui-même, il nous conduisit à travers les galeries, nous donna l'explication de chaque sujet. Je voudrais bien aujourd'hui me les rappeler, ces explications, surtout quand je passe devant les toiles consacrées à l'histoire de la Révolution, signées Couderc, mais composées, disposées, presque dessinées dans tous les détails de costumes et de physionomies par Louis-Philippe Ier, roi des Français. « Monsieur Couderc, avait dit le Roi, à cette époque un tel n'avait pas de barbe; j'y étais; je l'ai remarqué; rasez-moi donc ce menton!... Comment! vous avez fait asseoir un tel ici? mais il était là-bas, à droite, sur cette banquette. Remettez les gens à leur place. La vérité historique est dans tout, monsieur Couderc; aussi, vous rendrez à ces vêtements la forme et la couleur qu'ils doivent avoir : ils étaient verts et non rouges. — Ah! Sire, s'écriait le peintre avec désespoir, mais du vert ne peut aller sur un fond bleu! Votre Majesté va me condamner à repeindre ma toile! — Eh bien! vous la repeindrez, monsieur Couderc, et je vous assisterai dans votre travail. » Il fallait s'exécuter. « Ce diable d'homme! disait quelques années plus tard l'artiste en s'arrêtant devant son œuvre. J'avais fait un bon tableau : il m'a forcé d'en faire, avec lui, un — excellent. »

Puis, on goûta. Vous aviez fourni les vins, Monseigneur. Puis, on nous avertit, — il pouvait être cinq ou six heures, — que le Roi nous attendait dans la

salle de spectacle, dans cette même salle où se dis-
cutent aujourd'hui la rançon et les misères de notre
France. Nous marchions de surprise en surprise, à
travers de vraies féeries. La salle était éclairée *a giorno.*
Nous prîmes place dans les loges, ravis qu'on nous
laissât promener les doigts sur les rebords en velours
rouge. Le Roi se tenait debout au balcon. Il nous re-
mercia de la visite que nous lui avions faite; il nous
parla en prince, en ami et en père. De son allocution,
à vrai dire, je serais assez embarrassé de rendre
compte, car je n'en ai retenu qu'une partie, et c'est
probablement votre faute, Monseigneur, ou du moins
celle du vin de Champagne, que vous nous aviez fait
servir abondamment. La partie du discours que j'ai
retenue mérite bien d'être rapportée. « Rien n'est plus
intéressant, dit le Roi, que vos luttes scolaires, rien
n'est plus honorable que leurs résultats, parce qu'ils
sont la récompense méritée de progrès et d'efforts per-
sévérants. Aussi, la Reine et moi, sommes-nous fiers
des succès obtenus par nos enfants. Je vais même à ce
propos commettre une indiscrétion. Dans l'apparte-
ment de la Reine se trouve un cabinet où on peut
croire qu'elle a renfermé ce qu'elle possède de plus
précieux, tant il est bien gardé. Eh bien! mes amis,
voulez-vous que je vous dise ce que la Reine y a mis
et ce qu'elle a de plus précieux? Ce sont les couronnes
remportées par les princes, ses fils, dans vos luttes
scolaires. »

Tel était, vous le savez, Monseigneur, le langage
que le Roi des Français tenait, en ce temps-là, à la
jeunesse du pays. Tous les colléges de Paris furent
successivement l'objet de la même faveur et du même

honneur. Le Roi témoigna à leurs élèves une égale bienveillance, une égale sollicitude pour leurs études. S'il eût pu, j'en suis sûr, il eût invité la jeunesse des départements tout entière à venir le voir, et il eût conduit dans ces galeries du palais de Versailles toutes les espérances de la France au milieu de toutes ses gloires.

Les actes étaient alors en conformité avec les paroles. Il n'y avait pas de plus infatigable travailleur que le Roi. Il tenait tête en quelque sorte à ses ministres, pouvant causer à fond avec chacun d'eux des affaires de son département; exposé parfois à les leur enseigner, jamais à recevoir de leçons. Il avait appris le travail, dès sa tendre jeunesse, de sa gouvernante, madame de Genlis, écrivain que, sous le rapport du talent, je n'oserais, certes, comparer à votre ancien précepteur, M. Cuvillier-Fleury, mais qui ne lui était point inférieure par la puissance du travail, ayant comme lui marqué la marche des ans par le nombre de ses œuvres littéraires, plus pressée de produire à mesure que la trame de la vie s'était réduite sous l'ardeur fiévreuse de sa main diligente. Votre auguste père avait appris d'elle beaucoup de choses dont aucune ne lui fut inutile, et, entre autres, la géographie, parce que, en ce temps-là, les Français qui devaient faire la guerre ne dédaignaient pas cette science modeste, et que les généraux eux-mêmes se donnaient la peine de ne point l'oublier, comme ils l'ont prouvé à l'Argonne et ailleurs. Rien cependant ne pouvait faire supposer au jeune soldat de Jemmapes et de Valmy qu'il aurait un jour à l'enseigner pour vivre. Il se soumit à cette exigence de la fortune, et c'est à elle qu'il faisait gaiement allusion dans une circonstance que M. Guizot a rapportée dans ses *Mémoires*. On se promenait dans un des jardins de la Couronne. La Reine veut manger un fruit qu'elle a détaché de l'arbre, mais il faut un couteau pour le peler; personne n'en portait sur soi. Le Roi se fouille et en présente un. « Lorsqu'on a été réduit à gagner quarante sols par jour, dit-il en souriant, on a toujours un couteau dans sa poche. »

Plus heureux que lui, Monseigneur, vous avez toujours eu au moins quarante sols dans votre poche, mais personne n'eût été plus capable que vous de les gagner au besoin. Ce que vous vous étiez montré au collège, vous l'avez été partout, *primus inter pares*, le premier parmi vos égaux, en vertu d'une inégalité permise aux yeux mêmes des plus farouches égalitaires : celle du savoir. Quel prince montra avec plus d'éclat l'utilité de l'étude, la dignité du goût, la convenance du travail pour adoucir les rigueurs d'un long exil et des douleurs plus cruelles encore! Dans toutes les voies où se porte la noble activité de l'esprit de l'homme, on était certain de vous rencontrer, et on se trouvait en présence d'une sorte d'ubiquité intellectuelle. Ici, archiviste consommé, publiant : *Une Chasse sous le roi Jean* et l'*Inventaire des meubles du cardinal Mazarin;* ailleurs, historien profond, observateur impartial des faiblesses humaines, élevant à la gloire de la maison de Condé, dont l'héritage moral ne pouvait tomber en de plus dignes mains, un des monuments qui recommanderont notre temps malheureux à l'estime de la postérité. Je ne dis rien de vos *Études militaires*, de ces aperçus politiques publiés dans l'*Étoile belge,* au fur et à mesure de l'accomplissement de nos destinées sous le second Empire, et dans lesquels brillent la pénétrante sagacité, la clairvoyance patriotique d'un jugement qu'aucune passion ne trouble, et qu'éclaire une érudition des choses du passé qui peut-être n'a pas d'égale.

En France, on ne pouvait lire çes lettres, qui auraient donné la plus haute opinion de votre intelligence politique. On vous croyait plus préoccupé de vos goûts artistiques et littéraires que des actes du gouvernement d'alors. Quelle activité ne déployiez-vous pas pour disputer les chefs-d'œuvre de l'art, les plus beaux livres, les plus précieux manuscrits, à ces collections splendides que l'étranger a souvent enrichies à nos dépens, et d'où rien de ce qui est entré ne peut sortir! Quand ils voyaient une de ces merveilles se diriger vers votre résidence de Twickenham, les amateurs les plus ombrageux se réjouissaient : « Voilà du moins disaient-ils, une admirable chose qui ne sort pas de France et que nous reverrons à notre aise. » Ils avaient raison de penser que la France était partout où vous étiez; mais ils avaient tort de supposer qu'il pût y avoir chez le duc d'Aumale, fût-il le plus clairvoyant, le plus délicat des amateurs en matière d'œuvres d'art et d'esprit, une autre passion que la passion de la liberté et de la patrie.

Il me semble, Monseigneur, que je me laisse aller, Dieu me pardonne! à vous parler un peu comme à un prince qui aurait la dispensation des grâces, ou comme à un récipiendaire sous lequel on amoncelle ces nuages d'encens qui forment le siége où s'endorment les Immortels. Je n'ai reçu de vous aucune faveur et n'en attends qu'une seule, celle de vous revoir; et ce n'est point ma faute si vous êtes du petit nombre de ceux auxquels on ne peut rendre justice sans paraître les flatter. En vous louant, je serais plus justement suspect d'avoir voulu vanter, avec une exagération présomptueuse, notre jeunesse, notre génération, notre temps. Plus vous avez de mérite, plus vous leur avez d'obligations. L'exemple du travail, de l'ordre, de la sagesse, descendait du trône; toutes les vertus vous vivifiaient de leur chaleur; la patrie était honorée, heureuse et riche; on marchait à l'avenir d'un pas qu'une impatience folle n'avait point encore précipité; la bourgeoisie croyait à la démocratie, et la démocratie croyait au progrès pacifique. Au talent que vous possédez dans l'art d'écrire l'histoire, eurent part les leçons des Augustin Thierry, des Guizot, des Thiers. Si vous êtes un raffiné en art, vous devez beaucoup à nos contemporains Paul Delaroche, Ingres, Ary Scheffer, Horace Vernet; — et aux poëtes, Monseigneur, à ces hommes divins, combien ne leur avons-nous pas d'obligations! Toutes les cordes de notre âme ont été touchées par eux à l'âge qui leur donne tant de sonorité et de puissance. Elles ont porté nos aspirations en haut, loin de la boueuse matière. Pour moi, quand je compare ma jeunesse qui a chanté avec les poëtes, à cette jeunesse de l'Empire qui n'a eu ni poëtes, ni chants, que ceux de M. Offenbach, je me sens tant de reconnaissance pour ces pacificateurs harmonieux de l'esprit et des sens, pour Alfred de Vigny, pour Victor Hugo, pour Lamartine surtout, que j'arrive à oublier que l'auteur des *Méditations poétiques* est devenu l'auteur du 24 Février, le parrain de ce suffrage universel qui a eu pour fils le Césarisme, et pour fille la Commune.

Et pourtant, Monseigneur, c'est à partir du 24 Février que les poëtes n'ont plus chanté, et que vous avez été chassé de cet empire, ouvrage de vos aïeux, dont vous étiez un des utiles serviteurs. Vous êtes parti emportant en vous l'esprit de la France, qui est déjà devenu, après moins de vingt-cinq années, la vieille France — bourgeoise, libérale, parlementaire. Comme les hommes qui viennent d'un pays salubre, vous avez gardé l'enveloppe de la pure atmosphère que vous aviez respirée. Aussi il m'a semblé un instant, en apprenant votre retour, que les choses avaient soudain remonté leur cours naturel, et que tout revenait avec vous, même ma jeunesse, que je regretterais si quelque chose, après un demi-siècle de vie, paraissait digne d'un regret. La France pourtant était belle alors ! Conquérante pacifique de l'Europe par ses institutions, sa littérature et ses arts; monarchie tempérée où, malgré le vice du régime électoral, montait lentement dans les veines du corps politique, sous la pression irrésistible des droits du travail, la sève démocratique. Du temps de ce roi que les hableurs de la politique aimaient à narguer, en l'appelant le Roi de la paix à tout prix, quoique tout le monde s'accommodât de cette paix aussi bien qu'elle s'accommodait avec la dignité et l'intérêt de la France, les familles élevaient les enfants en sécurité, les mères économisaient jusque sur leur toilette pour faire la dot des filles, et les pères, en voyant grandir leurs fils, se réjouissaient de la force de leur bras, parce qu'ils espéraient y trouver l'appui de leur vieillesse. Aujourd'hui, qui est fier d'avoir des fils? qui est certain de les conserver? La mère ne sourit plus à sa fille au moment où, sortie de ses entrailles, elle ouvre les yeux à la douce lumière du jour; elle soupire en pensant qu'elle enfantera comme elle, et qu'elle ne sera féconde que pour la mort. Sur cette terre que toutes les générations, depuis quatorze cents ans, ont successivement honorée et agrandie — une seule exceptée — tout homme vivant porte le stigmate de la flétrissure de la patrie mutilée. Pour les spectateurs de tant de désastres, ils ne se justifieront jamais d'une inaction forcée ou volontaire qui a eu de telles conséquences; et quant aux autres, combattants malheureux, aux plus braves eux-mêmes, la défaite a laissé un doute, car ils se demandent si les morts ne sont pas les seuls qui ont fait leur devoir tout entier. Ah! pauvres morts! pauvres dupes! disent les Français cosmopolites habitués, à l'heure du péril, à emporter la patrie à la semelle de leurs souliers, en Belgique, en Angleterre, partout où on ne se bat pas. Lorsque le poids de l'épée eut fixé celui de la rançon, ils rentrèrent en déclamant, la main sous l'aisselle gauche, les vers de Voltaire :

> A tous les cœurs bien nés que la patrie est chère!
> Dans quel ravissement je revois ce séjour, &c., &c.

Avec eux ont reparu les drôlesses et les drôleries auxquelles nous devons la seule célébrité qui nous reste. On danse sur le sol encore imprégné de sang; on danse sur la terre des tombes à peine fermées! Et cependant roule au-dessus de nos têtes, dans son immensité menaçante, l'œuvre du siècle, l'invention fameuse qui console de tout : le suffrage universel. Comme un fleuve dont le caprice se fraye à chaque saison un lit nouveau, il oscille entre les deux rivages, dont l'un s'appelle le passé et l'autre la barbarie, prêt,

en remontant vers la source des temps, à nous jeter
sur les débris fossiles d'un monde, ou, en courant vers
l'avenir, à frapper de ses vagues impies les sommets
qu'entoure la vénération humaine, dût-il, si c'est l'u-
nique moyen de les faire disparaître, les couvrir des
ruines de la patrie. La France se laisse porter sur ces
abîmes aux eaux tantôt dormantes, tantôt furieuses,
également chargées des fanges démagogiques. Les
cœurs tremblent, le regard n'interroge plus les cieux;
il observe avec inquiétude les récifs au-dessus des-
quels glisse le navire : les bras sont inactifs, les
lèvres muettes. Il semble que le hasard ait détrôné
Dieu et imposé son inconnu à l'activité entreprenante
du libre arbitre. Jamais le sentiment de l'impuissance
des efforts individuels n'a pénétré à ce point la con-
science humaine; jamais le fatalisme oriental n'a créé
une plus grande paralysie de la volonté. Que faire?
comment exprimer ouvertement une idée que tout le
monde a en soi et qui s'est soumise à la tyrannie du
fait? Le grain de sable fera-t-il la loi à l'ouragan? Non;
il attendra son sort sur le rivage, inerte, sous le flot
qui le submerge. Voilà le secret de tant de décourage-
ment et de tant d'abstentions. L'historien, quand il
rencontre ces intermittences dans l'existence d'un grand
peuple dévoyé, ne sait que penser. Est-ce là le cré-
puscule qui précède la nuit éternelle? Sont-ce les ténèbres où se recueille le jour qui va paraître? Supplice
affreux qu'un pareil doute! Plus il regarde à travers
ces ombres, plus ce qu'il croit voir augmente son
anxiété. L'indifférence pour le bien et pour le mal chez
une nation qui semble avoir perdu la force d'aimer et
de haïr, comme celle de récompenser et de punir, et

qui s'est habituée à n'accorder ses faveurs qu'à ceux
qui ont commencé par la violence du crime à les
lui arracher; l'honnêteté politique qualifiée de niai-
serie, le scrupule d'hypocrisie, l'abnégation de du-
perie; la science de gouverner les hommes assimilée
à la science de les tromper; une insouciance de la
chose publique qui n'a d'égale que l'ardeur avec
laquelle chacun la sacrifie à son intérêt particulier; le
sentiment du devoir oblitéré, la discipline bravée par
les révoltes de l'orgueil, l'irresponsabilité des fonctions
passée en habitude, l'instruction publique cahotant
dans des ornières effondrées, nulle force dans l'auto-
rité, nul prestige autour du mérite et de la vertu; les
supériorités suspectes quand elles ne sont pas con-
spuées; pour gouverner, des vieillards, les seuls
hommes, puisqu'il n'y a point eu de virilité dans la
jeunesse; une bourgeoisie sans cœur, un prolétariat
sans patriotisme, qui prend ses convoitises et ses appé-
tits pour des principes; chez ceux-ci, de sourdes
colères, trop souvent justifiées, contre le capital;
chez ceux-là, une arrière-pensée d'émigration au
premier péril, trahie par la prévoyance des coffres
qui s'emplissent d'or, des portefeuilles qui se bour-
rent de valeurs étrangères; aucun signe d'une régé-
nération prochaine; aucun repentir des fautes com-
mises, aucune résolution de n'y plus retomber; la
lâcheté encouragée, le crime impuni; la légèreté, la
dissipation, la présomption — cyniques comme aupara-
vant, et les mêmes abus, la même incurie, le même
dédain du savoir, la même absence de contrôle partout,
le même luxe de rouages administratifs inutiles, les
mêmes plaies morales auxquelles il faudrait appliquer

le fer chauffé à blanc, si l'on voulait rendre aux chairs flétries la sensibilité et la vie, et qu'on se contente de laver avec de l'eau de guimauve pour tout remède !

Ah! Monseigneur, aux yeux qui se fatiguent à regarder ces misères et ces décrépitudes à travers les ténèbres de l'heure la plus sombre de notre histoire, il est permis de se fermer quelquefois; la réalité triste du présent échappe alors; la vision du passé embellie par les regrets, animée des joyeuses clartés de l'aube de la vie, se dresse devant nous, et c'est un soulagement, si ce n'est pas un rêve, que de se souvenir !

DAUBAN.

www.ingramcontent.com/pod-product-compliance
Lightning Source LLC
Chambersburg PA
CBHW061806040426
42447CB00011B/2506